AF300529

„Niemand kann uns daran hindern,
Gott überall mitzunehmen,
Wohin wir uns auch wenden.
Niemand kann uns Gott nehmen,
Der im Rhythmus unserer Schritte,
In unserem Atem
Und in unserem Herzen weilt.“

Hafis*
Persischer Dichter ca. 1320 - 1390

* Hafis (Ḥāfeẓ), Ḫāǧe Šams ad-Dīn Moḥammad Ḥāfeẓ-e Šīrāzī,
auch Šams oʻd-din Moḥammad

Bibliografische Information der Deutschen Nationalbibliothek: Die Deutsche Nationalbibliothek verzeichnet diese Publikation in der Deutschen Nationalbibliografie; detaillierte bibliografische Daten sind im Internet über dnb.dnb.de abrufbar.
Die automatisierte Analyse des Werkes, um daraus Informationen insbesondere über Muster, Trends und Korrelationen gemäß §44b UrhG („Text und Data Mining") zu gewinnen, ist untersagt.

Verlag: BoD · Books on Demand GmbH, In de Tarpen 42, 22848 Norderstedt.
Druck: Libri Plureos GmbH, Friedensallee 273, 22763 Hamburg.

ISBN: 978-3-7597-8682-1

Die Forelle auf dem Sofa

Und andere von Hafis inspirierte Gedichte

CLARISSA VAN AMSELN

Vorwort

Schon früh hatten es mir die Mystiker
aller Religionen angetan.
Mit 16 entdeckte ich Meister Eckhart,
sowie die Verse von Angelus Silesius
und Friedrich Rückert schlug mir die Brücke
in den Orient.

Aber Hafis krönte sie alle.

Ich brach einen Zweig von seinem Baum
und pflanzte ihn in mein Herz.
Dort wurzelte er 40 Jahre im Verborgenen -
bis dieser Strauß eigener Gedichte
daraus hervor brach.

Die ersten 22 kamen an einem Tag!
Alle Weiteren innerhalb von 2 Monaten.
So entstand dieses Buch.

Ich hoffe, dass die Texte hier und da für
ein überraschtes Schmunzeln sorgen.

Gottes Humor ist unergründlich!

Clarissa van Amseln

Inhaltsverzeichnis

Stillleben

Genug
Herumgeleckt
An alten Wunden!

Jetzt will ich
Verwöhnt werden!
Z.B. Mit einem duften Kuss
Meiner blühenden Amaryllis
Oder einem blinkenden
Lob von meinem
Frisch gewischten Tisch.

Jeder wirft so viel Liebe
In diesen Ring
Wie er kann.
Wer zuerst liebt,
Wird schneller
Zurück gemocht
(mindestens).

Ich habe mich so oft
(jede schlaflose Nacht)
Bei den Mauern
Unseres Hauses bedankt,
Dass sie ein Dauerlächeln
Aufgesetzt haben.

Mein Sofa erwidert tapfer
Meine Zuwendung,
Indem es hingebungsvoll
Mein (nicht unerhebliches)
Gewicht trägt.

Unser Geschirr freut sich
Täglich wonnig darauf
Klappernd
Von mir abgewaschen
Zu werden.

Wie gut
Zu wissen

Dass

Stilles

Lebt.

Eremit

Ich habe immer
Davon geträumt
Ein Einsiedler zu sein!

Jetzt endlich
Lebe ich in meiner Höhle.

Mitten in der Stadt.

Die Ruhe ist einmalig,

Wenn ich im Café
Meinen Tee trinke
(mit ganz viel Sojamilch)
Und rundum all die
Jungen Leute schwatzen:
Herrlich!

Über mein inneres
Lagerfeuer blicke ich hinweg
Über die einsamen, weiten Täler
Zwischen den dicht gedrängten Gästen
Und bewundere den
Still aufsteigenden Nebel
Über ihrem Lachen.

So hatte ich Eremit
Mir das immer
Gewünscht:

Von allen Welten
Nur das Beste!

Bis Montag

Ich habe die
Brotscheiben
Gezählt -
Sie reichen noch
Übers Wochenende.

Bis Montag muss Gott
Sich etwas einfallen lassen,
Zum Beispiel
Einen Kometeneinschlag,
Eine Sintflut,
Kollektive Erleuchtung,

Oder eine
Sofortüberweisung
Auf unser Konto.

Letztlich sind es doch nur
Zahlen -
Ein paar geradezu
Lächerlich winzige -
Wo doch das ganze Universum
Aus Mathematik besteht!

Bis dahin versuchen wir
So anmutig pleite zu sein
Wie möglich und
Unser überzogenes Konto mit
Noblesse aufzuwiegen.

Ein Konto im Minus
Muss ja nicht gleich
Ein *Gesicht* im Minus sein,
Wie man es so oft
In den Innenstädten trifft,
Wo es aus teuren
Klamotten schaut und auf
Markenschuhen schreitet.

Wir schreiten auch voran,
Mit unserem Brot,
Scheibe für Scheibe,

Bis Montag!

Nestbau

Darling komm,
Lass mich noch
Ein paar Zweige
In dein Nest flechten,
Damit du dich besser
entspannen kannst.

Ich hab dir dunkle
Schokolade mitgebracht,
So *bitter sweet*, wie unser Exil .

Erinnere dich!
Unsere Wurzeln reichen weit -
Durch alle Wolkenschichten
Reichen sie - und
Quer durch das *Alles*
Bis hinein ins *Nichts*,
In dem das *Alles* wohnt.

Wenn wir nach Hause kommen
Werden wir Gott
Viel zu erzählen haben!

Schau doch!
Jede unserer
Lebensgeschichten
Wird zu einem Zweig in
Seinem
Nest!

Anker

Was
Kann ein Anker sein,
Der einen stabilisiert?

Wenn bald
Sonnenstürme
Oder *winds of change*
Die Sozialstrukturen
Aufwühlen und
Die Erdkruste
Um manches Herz
Zum Bersten bringen?

Wenn unangenehme
Nachrichten
Und unerhörte
Wahrheiten
Deine Schallmauer
Durchbrechen?

Ohne innere
Basisstation
Kann jeder Idiot
Eine Bresche in deine
Zuversicht schlagen,
Und der kleinste
Kataklysmus
Dich ins Wanken bringen.

Deshalb sorge vor,
Baue überall
Gedächtnisstützen -

Nimm dafür ruhig
diese Gedichte
Als Baumaterial,
Sie haben alle
Einen unkaputtbaren
Kern aus Liebe.

Zur Not schaffe Platz,
Entrümple deine Seele
Von den Antiquitäten
Der Firma
„Angst & Bange".

Wenn mal etwas
Schief geht,
Vergiss nicht:

Gott behandelt
- auch ambulant -
Selbst gebrochene Herzen
Und man kann immer
Einen Anker
In sein
Meer
Werfen.

Alles kommt wieder

Gott ist aus der Mode gekommen,
Wie Unterröcke, Häkeldeckchen
Und Möbelpolitur.

Aber alles kommt wieder.
Neulich sah ich schon eine Frau
In einem hübschen mehrlagigen Kleid
Und hier und da über
Strickzeug gebeugte Männer.

Bald ist es soweit.
Wenn wieder Häkeldeckchen auf
Antiken Kommoden platziert werden
Polieren wir auch Gott wieder auf,
Bis er glänzt wie neu
(Und neben unserem rundbauchigen Buddha
Eine gute Figur macht).

Frei geklopft von dogmatischen Krusten,
Befreit vom Staub der Jahrhunderte,
Ist Gott der reinste Genuss.

Man nähert sich ihm am besten
Wie einem Schokoweihnachtsmann:
Knabbert sich durch Schichten
Süßer Erkenntnis,
Schmilzt seinem leeren Kern entgegen,
Bis man unerwartet
In IHN dort einbricht,

Wo alles Nichts ist
Und das Nichts alles.

Telepathie

Ehrlich!
Ich mag Menschen!
Sie sind hübsch
Und kommen in allen
Formen und Farben!

Doch wäre mir
Das goldene Zeitalter lieber,
Von dem prophezeit wird,
Dass *Gedankenübertragung* dann
Das Sprechen ersetzt.

Bis dahin versuche ich
Beim Spazierengehen
Allzu geschwätzigen
Bekannten auszuweichen.
Ihr Geschnatter
Konkurriert mit der
Botschaft der Enten

Und stört mein
Unaufschiebbares Gespräch
Mit den Wolken,
den Schwalben,
Den Sonnenstrahlen
Und den Bäumen,

Die uns (mal wieder)
Um Jahresringe
Voraus sind.

Menschlinge!
Ihr wisst doch:
Schweigen ist Gold!

Herzstecker

Es ist *sinnlos*
Gott um etwas zu bitten.

Du musst ihn *einschalten*,
Wie einen Staubsauger!

Dann wird sein Vakuum
Deine Dunkelheit aufsaugen,
Ordentlich Verwirbeln
Und in frisches
Licht
Umwandeln.

Er macht das besser
Als jeder Staubsauger -
Sofern du nicht vergisst,
Deinen Herzstecker
In die Gottesbuchse
Zu stecken,

Damit sein Liebesstrom
Dich elektrisieren kann,
Bis dir die Haare
Zu Berge stehen
Vor lauter
Ahaah!

Einschalten!

Forelle auf dem Sofa

Wir haben keine
Haustiere,
Nur eine
Formidable Forelle
Auf dem Sofa.

Da ich mein Leben lang
Vom Wasser geträumt habe,
(Strudel, Flüsse, Meere, Wasserfälle)
Fühle ich mich den Fischen
Artverwandt.

Wasser ist nur wenig
Dicker als Luft -
Man fliegt darin über ebenso
Herrliche Landschaften.
Doch die Meeresvögel sind bunter
Und manche genießen ihre
Tonnen von Hüftgold
Ganz schamlos.

Nur manchmal leide ich
Unter der folgenreichen Entscheidung
Mich für ein Modell der Affenlinie
Entschieden zu haben
Statt für ein Amphibienfahrzeug,
Das unter Wasser atmen kann.

Nun sitze ich auf dem Sofa
Neben meiner Forelle
Und kratze mir die frisierten Fellreste:

Unsere Unterseehütte
In Strandnähe
Bleibt wohl weiterhin
Ein feuchter Traum.

Rosarot

Ich komme jetzt in das Alter
Wo man eine Brille braucht.

Eine rosarote könnte helfen,
Die beginnende Fernsichtigkeit
Auszugleichen.
Denn ich möchte lieber nicht
Immer schon ahnen
Welche Fehler meine Freunde
Als nächstes wieder machen,
Während ich eigenblind
Wie ein Maulwurf
Einen Splitter nach dem anderen
Aus meinem Auge ziehe
Und mir
Im Wald der Erkenntnis
Eine Beule hole und sonst nichts.

Ob man sein
Brett vor dem Kopf
Zum Feuermachen nutzen kann?
Ich wollte schon immer mal
Als Phönixe aus der Asche
Ganz frisch von vorne anfangen -
Ohne Brille, aber mit einer
Rosaroten Schwanzflosse
Und dioptrinfrei verträumtem Blick,
Der Problemzonen einfach ausblendet
Und nicht weiter reicht,

Als bis zum nächsten
Glücksmoment.

Lebenslauf

Schreiben Sie einen lückenlosen Lebenslauf,
Frau van Amseln! sagt die Frau vom Amt.

Kann ich machen,
aber das wird lang,
Denn vor meiner Karriere
Als brotlose Künstlerin
Habe ich eine Menge
Stadien- und Studiengänge absolviert.

Vor meinen Landgängen
Als *Jäger und Sammler*
Studierte ich im Hauptstudiengang
das *Wasserwesen,*
Bis hinunter zur Amöbe.

In einem Seitenzweig widmete ich mich
Dem Studium des *Fliegens*
(Biene, Schmetterling, Schwalbe)

Und einige Semester verbrachte ich
Mit *Flechten, Farnen und Moosen,*
Schloss das Grundstudium ab
Mit einem Bachelor in *Wiesenwissenschaften*
Und einem Master im *Baumen.*

Die zeitliche Reihenfolge ist mir entfallen,
Sprünge und Wiederholungen
Sind nicht ausgeschlossen.
Ah! es gab auch ein Urlaubssemetser,
Das ich auf dem *Mond* verbrachte,
Wegen meines privaten Interesses an
Den Bewohnern seiner Rückseite.

Das Abitur erreichte ich
Nach der Elementarschule
(Wasser, Feuer, Erde, Luft)
Am Charles Darwin Gymnasium
Mit einer 1 im Hauptfach *Kristallbildung.*

Parallel und in den Ferien
Verbrachte ich mehrere
Milliarden Jahre in
Interdimansionalen Praktika.

In die Milchstraße zog ich
Erst vor kurzem und auf Erden
Bin ein Neuzugang und tue mich
Noch etwas schwer mit
Den hiesigen Gepflogenheiten,
Wie, dass als Arbeit nur anerkannt wird,
Was Geld einbringt und dass alles
Etwas kostet, sogar Essen und Wohnen.

Deshalb wollte ich mich für die einzige freie
Stelle in Ihrem Aushang bewerben,
Als *Aushilfsassistenznebenwererbsgehilfin*
Der *Handwerkersatzzulieferungsfiliale*
Im Untergeschoss der hiesigen
Bankenverwaltungsdynastiebehörde.

Bin ich da jetzt über-
unter- oder disqualifiziert?

Stippvisite

Gott und ich
Sind Stammgäste
In diesem Universum.

Nach meiner
Stippvisite auf der Erde
Muss ich aber schon sagen

Wow!
All die schönen Blumen
Und wilden Tiere überall!
Aber dazwischen
Bestien auf zwei Beinen.
Musste das so sein?

Gott stützt den Kopf auf seine Hände,
zuckt verlegen mit den Achseln und
Entschuldigt sich:
„In dieser Filiale herrscht
Feier Wille - was soll ich machen?"

Preis der Macht

Als *kreuz*
und *quer*
Denker
Verstehe ich mich nicht
Auf blinden Gehorsam.

Wer möchte schon
Sein Augenlicht opfern
Für ein bisschen Judaslohn?

Im Endeffekt
Führt das zum End-Defekt
Des gesellschaftlichen Krankheitsbildes
Einer Horde seelisch verwahrloster Reicher,
Die von der Spitze der Pyramide aus
Nicht mal in der Lage sind
Die Aussicht genießen zu können.

Sie haben ihr Licht verkauft.

Kannten Sie etwa nicht
Den Preis der Macht?

Yoga

Improvisieren wir!
In diesem ewigen
Schöpfungsprovisorium,
Das nie fertig wird,
Weil Gott mit jedem
Ein- und Ausatmen
Seine Kreationen noch
Kreativer gestaltet.

Amalgieren wir!
Amore mit *Armada*
Zur ultimativen
Ultima Ratio
Der Erkenntnis,
Dass Gott aus
Myriaden von Augen
Seine Werke betrachtet:

Aus deinen und meinen
Aus denen von Kamelen und Kakerlaken
Schleimalgen, Pilzen und Mikroben,
Selbst aus deinem Toaster
Und meinem Stuhlbein.

Überall *Wirs* mit *Ich* drin
So vielen blinzelnden Ichs,
Die in unserer zivilisierten Ursuppe
Elysisch oder pragmatisch
Konspirativ oder exklusiv
Adäquat oder überkandidelt
Versuchen sie selbst zu sein,
(Oder auch die Kopie irgendeines Stars)

Wenn ich nächstes Mal
Einen eigenen Planeten
Zum Ausmalen bekomme,
Sorge ich dafür,
Dass jedes Augenpaar täglich
ein Betthupferl auf seinem
Imaginären Nachtschrank findet.

Niemals würde ich
Ein Niemandsland der Liebe dulden.

Imaginieren wir einfach mal,
Wir hätten uns alle lieb,
(Statt nur zum Fressen gern)
Und könnten in all den *Ichs*
Auch unser *Wir* erkennen.

Das wäre der superlative Spagat!
Yoga für fortgeschrittene Anfänger.

Oszillieren wir!
Zur Abwechslung
Zwischen Freude und Fkstase,
(statt Frust und Verzweiflung)

Brillieren wir!
Zur Abwechslung
In Sachen Mitgefühl und Geduld
(statt Egoismus und Ignoranz)

Für dieses Yoga müssen wir uns
Nicht mal verrenken,
sondern nur wieder wir selbst werden:

Nach Gottes Ebenbild
(jenseits der Dualität).

Bankrott

Mein Lieblingsmensch
Sieht aus wie ein Penner.
Die meisten halten ihn für
Obdachlos.

Nur ein persischer Freund
Hat durchschaut, dass in
Diesem langen, wirren Bart
Eine große Seele nistet
Und sich zerrissener Hosen
Und löchriger Schuhe
(Nicht immer ganz freiwillig)
Zur Tarnung bedient.

Früher,
So erzählte der Freund,
Gab es in Teheran
An jeder Ecke eine Ruhebank,
Auf der fettgefressene Männer
Ihr Schläfchen halten konnten.

Das hätte uns allen drei gefallen.

Doch unter dem Schutt anhaltender
Politisch-religiöser Vergewaltigung
Liegen nicht nur Ruhebänke zertrümmert.
Weltkultur ist überall bankrott.

Nun müssen wir unsere Bäuche
Flink und flexibel dort ausstrecken
Wo gerade mal

Keine
Bomben
Fallen.

Hafis´ Gewand

Im schönsten Erker
Meines Elfenbeinturms
Liegt (in einer Kassette
aus geprägtem Leder)
Ein Fetzen
Vom Saum
Von Hafis Gewand.

Und ja! Er liegt
Höher im Regal
Als der Koran
- in der Übersetzung
Friedrich Rückerts -
(verratet mich nicht
An die Religionswächter!)

Das Stoffstück muss über die
Seidenstraße gewandert sein
(obwohl es nur aus grobem
Leinen besteht).

Doch schon ein Zipfel
Seines Gewandes
Inspiriert mehr
Als Bibliothekenkratzer,
Die nur Wolken erreichen,
Aber nie DURCH brechen

Ins universelle
Gottesherz.

Stadttauben

Man kann ja kaum noch
Eine Hand vor Augen sehen
Vor lauter Nebel im Kopf!

Ich sollte aufhören,
Nachrichten zu lesen.
Dauernd stehen sie der
Guten Aussicht
Auf den
Weltaufgang
Im Weg.

In den Medien
Hört er sich
Wie ein
Untergang an.

Aber die Stadttauben
Haben mir
Lebhaft gurrend
Versichert,
Dass es
ÜBERALL
Heller wird!

Es kann also nur
Gut anfangen,
Wenn
Was auch immer
Endet.

Kartoffelsuppe

Die ganze Stadt
Duftet nach Pizza!
Man könnte fast neidisch werden.

Doch von Gier und Lügen
Bekommt man Zähne
Wie Lauterbach.

Nein, Herr L.
Ist gewiss kein Taugenichts!
Taugt er doch
Geradezu perfekt
Als abschreckendes Beispiel.
Man wagt kaum zu ahnen
(wenn man ihn so sieht)
Wie anstrengend
Korruption sein muss!

Da bleibe ich lieber
Bei meiner Kartoffelsuppe
Aus entspanntem
Hinterhofanbau,
Mit einem Stück altem
Brot von der Tafel -
Und trage zu meinen
Weißen Zähnen
Eine reinweiße Weste.

Quersumme

Wir haben einen Freund
Der, obwohl er Arzt ist,
Bescheiden geblieben ist -
Wie der Bänkelsänger
Als den wir ihn kennen.

Wie herrlich anzusehen,
Wenn jemand
Seinen Geist rein hält,
Und mit Scheuerlappen
Und Polierzeug seine Seele
Täglich erneut
Auf Hochglanz bringt,
Damit die Quelle sich
Darin spiegeln kann.

Selbst wenn seine Umstände
Mehr als betrüblich sind -
Wegen eines Rosenkrieges
In dem der eine mit Rosen wirft,
Der andere aber nur
Mit Dornen antworten kann,
Weil er / sie vergessen hat,

Dass die
Quersumme
Von Liebe und Hass
Immer 1 ist.

Banal.
Aber darauf läuft
Gott
Eben immer hinaus.

Klangkörper

Als Miniaturausgabe Gottes
Bewundert eine Amsel
Die Performance des Originals

Myriaden von Galaxien
Sonnen, Planeten und Monden
Bilden den universalen Klangkörper,
Der beseelt ist,
Bis ins winzigste Elektron -
Wobei ein jedes
ICH sagt, singt
Zwitschert, brummt
Oder brüllt

Ein unermesslicher Chor
Von Stimmen
In allen Tönen:

Ich, ich, ICH
Iiiiiiiiich!
Man könnte meinen,
es klingt wie
Oooooommmmmmm

Amseln tun immer
Ihr Bestes
Und trällern
Ihr melodisches
IiiiiCH
Unisono mit dem Lied
Des EINEN.

Gott freut sich
Soooo
Über sich selbst!

Nur ein bisschen Wind

Ich hatte mal
Einen Liebhaber
Der ging zum Furzen
Vor die Tür.

Wie anständig!
Dachte ich,
Aber hoffentlich
Macht er das nur
In der ersten Nacht!

Was ist das sonst
Für eine Beziehung
Wo man verstecken muss,
Was einen bedrückt
Und sei es nur ein
Bisschen Wind.

Wenn erst die Stürme
Der Verzweiflung
Durch unsere Zimmer
Brausen

Müssen wir doch
Gefestigt ineinander sein
Und ganz sicher wissen

Dass wir zusammen
- Mit Gott -
Auf dieser bebenden Erde stehen

Und nicht wanken
Bis alles in IHM
Zusammenfällt.

Liebe auf den ersten Blick

Ich bin zu schüchtern
Dir in die Augen zu sehen,
Gott,
Wenn du in Gestalt einer
Schönen jungen Frau
Die Straße herunter flanierst.

Wie wollen wir je ein Paar werden?

Ich schlage vor,
Du besuchst mich demnächst
In Gestalt einer Blume
Am Wegesrand.

Damit kann ich besser umgehen.

Die Augen einer Hortensie
Sind nicht ganz so
Erschreckend
- auf den ersten Blick.

Der zweite Blick
Wird so oder so
Mein Untergang.

Jesus liebt dich

Auf der Toilettentür
Meines Lieblingscafés
Hat jemand
„Jesus liebt dich"
Hingekritzelt,

Einfach zwischen
Anderen Sprüchen
Wie „silence is violence -
Free palestine"
Oder
„What are you doing
For Trans rights?"

Ja, wir sollten Jesus
Aus den besetzten Gebieten
Unserer Seele
Befreien
Und für das Recht
Unseres Herzens
Jeden zu lieben
Kämpfen

Nicht mit der Faust
Unseres Verstandes,
Eher so, wie man
Eine Katze anlockt -
Lächelnd
Miez, miez!
Mit ein paar Krümeln
Hingabe, Vertrauen,
Und Mitgefühl,

Die wir immer noch
In unseren Taschen
finden,
Egal wie leer oder
Erschöpft wir uns
selber
Gerade fühlen.

Jesus hat
So eine Antwort
Verdient.

Gotteskasten

Gestern fand ich
Eine Bibel im
Offenen Bücherschrank
Und schlug sie auf.

Es wurde berichtet,
Dass Jesus eine Witwe
Gelobt hätte, die mehr
In den „Gotteskasten"
Geworfen hätte,
Als die Reichen vor ihr,
Weil sie ihr
Letztes
Gab.

Gotteskasten!
Was für ein lustiges Wort!
Priester müssen es
Erfunden haben.

Was könnte
Ich
Geben?

Die Dreieurofünfzig
Die ich noch in meinem
Geldbeutel finde
Brauche ich dringend
Für meinen täglichen Tee.

Hm, ich könnte
Mein *Herz*
In den Gotteskasten
Werfen.

Liebe ist
Bekanntlich
Das Einzige,
Das nicht weniger wird
Wenn man es teilt.

Im *Gotteskasten*
Liegt sie,
(ganz kuschelig)
direkt neben
SEINER.

Wonneproppen

Das makellose Sandwich
In deiner Brotdose
Wird dir helfen
Dein Gewissen zu ignorieren,
Das sich von hinten anpirscht
Und dich mit Zweifeln piesackt:

Ist mein Magenknurren
Wirklich appropriate
In Bezug auf meine Silhouette
Die sich dort in der Fensterscheibe
Reflektiert?

Ach was!
Du bist der Wonneproppen
Meines Lebens!
Lass uns unsere Komplizenschaft
Mit dir wunderheilendem Wanderer
Feiern bis die Schwarte kracht!
Zenturionen waren auch keine
Zenmönche auf Substitut!

Und nun iss einfach
Dein sakrosanktes
Käsebrot!

Kühlschrank

Mein psychosomatischer Kühlschrank
Hat eine kurze Aufmerksamkeitsspanne -
Er ist immer noch leer,
Obwohl ich mein Selbstvertrauen
Längst nachgefüllt habe!

Er hinkt eben etwas hinterher.
Doch ich will kein
Nörgler sein und die
Umwelt beschuldigen,
Mich nicht scharf genug abzubilden.

Besser ich sortiere nochmal akribisch
Meine Komplexe nach Gewicht
Und meine Traumata nach Größe .

Man sollte öfter den Plunder ausmisten,
Resistenten Unrat renitent
Vor die Tür stellen.
Das Kuddelmuddel nochmal knuddeln
Und dann: „Tschüss!"

Irgendwann
Wird auch der Kühlschrank
Nachziehen.
Bestimmt!

Lichtfalle

Wer nach 17 Jahren wilder Ehe
Noch Liebesgedichte schreibt,
Muss eine Meise haben,
Oder einen ganzen Vogelschwarm.

Doch weiß man schließlich nie,
Wann das letzte Wort gesprochenen ist -
Also gehe ich mit Gedicht Nr. 612
Auf Nummer sicher.

Keiner von uns ist verrückt genug,
(soviel wissen wir voneinander)
Auf den anderen zu warten,
Wenn er den *Körper* erst los ist:
Ab durch die Mitte!
Bloß nicht aufhalten lassen!

Um Himmels Willen sich
NIEMALS
Einreden lassen,
Man solle hier erneut inkarnieren!

Nicht mal für eine Stelle als Kaiser
Oder WHO-Direktor gehen wir
- du oder ich -
In die Lichtfalle.

Wer begriffen hat
Was Gott alles *nicht* ist,
Lässt sich so leicht nicht foppen.
Keine Raubkopie
Gleicht dem Original,
Das vor allem eins ist:

Nichts von alledem.

Erinnerungen

Was alte Leute so tun:
Gemeinsam ihren Erinnerungen
Hinterhergucken,
Wenn sie vor dem Café
Vorbei flanieren.

Siehst du die schöne junge Frau?
Sie sieht aus
Wie meine erste Liebe!
Sagst du.

Tatsächlich!

Nur solche Geschenke
Aus Lust und Luft
Kann man immer wieder
Ein- und Auspacken,
Unbegrenzt.

Dieser Gabentisch
Biegt sich
Unter Gottes Lachen -

Wie verrückt!

Schatzgräber

Weißt du noch?
Wie wir zur Feier
Unseres Umzugs in die Großstadt
Im nobelsten *Thai* des Viertels
Eine Tofuente gegessen haben?

Mir läuft noch heute
Das Wasser im Mund zusammen,
Wenn ich an all die Vorteile denke
Die eine Million Unbekannter bietet,
Die einen freundlich *nicht* grüßen
Und denen man so faszinierend egal ist,
Dass man immer seine Ruhe hat,
Selbst in der überfülltesten Bar.

Was für ein Lotterleben
Hätten wir führen können,
Nach unseren 12 bis 14 Stunden
Arbeitsfreudentagen,

Hätte das Schicksal
Uns nicht ausgetrickst
Um uns endlich auch das
Kellergeschoss des Lebens
Zu zeigen

Aber natürlich!
Wo sonst liegen Schätze vergraben?

Hingegen sind Penthouseetagen
Nach allen Richtungen versiegelt -
Nicht mal Engel
Kommen durch diesen Beton!

Also:
Graben wir!

Melodien

Vom vielen heiteren Pfeifen,
Hab' ich schon einen ganz
Runzligen Mund.

Was solls.

Sämtliche Runzeln und Falten
 werden sowieso bald
(mitsamt dem Rest)
Von charmanten Regenwürmern,
Ambitionierten Bakterienkolonien
Und ähnlich fleißigen Helden
In kostbaren Humus verwandelt.

Melodien hingegen sind haltbarer,
Sie breiten sich körperlos aus

- wie Wasserkringelwellen -

Bis hin zu den entferntesten Planeten,
Wo ihre ergriffenen Bewohner
Ganz spitze Ohren davon kriegen:

„Ah! Erdlinge!
Immer so kreativ!"

„Danke! Mit Gottes Hilfe!"

Viral

Neulich hörte ich,
Dass in der
Andromedan Times
Eine Geschichte
Viral ging:

Einem ihnen bekannten Erdling
Sei ein Engel erschienen!
Hieß es
Total
Sichtbar!

Sogar *vorübergehend*
Körperhaft habe er
Sich gezeigt - um ein
Unglück zu verhindern.

Der dies attestierende Erdling
Sei überaus vertrauenswürdig,
Man hätte ihn auf Herz
Und Nieren geprüft
Und pflegte seit Jahrzehnten
Engmaschigen Kontakt.

„Es gibt sie also doch!"
Folgert der zuständige
Chefredakteur -
Und die telepathische
Auflage der
Andromedan Times
Geht durch die Decke.

Im regen Berufsverkehr
Der intergalaktischen
Wurmlochbahnen
Nickt man sich
Vielsagend zu:

Good News!
Das Gerücht ist wahr:

Gott hat uns

NIE

Alleine
Gelassen!

Geode

Nicht *alle* Außerirdischen
Sind grau.
Und nicht alle der Grauen
Tragen zur grauen Haut
Auch ein graues Herz.

Man muss fair sein
Und mit der
Bewährten Mischung
Aus Vorschussvertrauen
Und Skepsis
Jedem eine Chance geben,

Schließlich sind wir alle
Ausländer, *fast überall.*

Man kann ja vorsorglich
Mit dem Röntgenblick
Die Seelenfarbe
Individuell prüfen,
(Falls eine vorhanden.)

Jeder kennt doch
Einen grauen Stein,
Der innerlich heimlich
Blüht
Und manch hübsche Blume
Mit einem Herz aus
Stein.

Man täuscht sich so leicht!

Wie es ist

Ich bin fröhlich!
Denn Gott wird
- wie immer -
Dafür sorgen,
Dass ein Wunder
Unsere Stromrechnung bezahlt.

Er kann gar nicht anders,
Schließlich habe ich Gerüchte gehört
Dass wir weiterhin alles Nötige haben werden,
Um unseren Kollegen unter den Brücken
Noch dann und wann eine Gedankenrose
Überreichen zu können.

Wir
Wissen ja schon
Wie es ist.

Drogenersatz

Man sollte Gott legalisieren,
Nichts berauscht nachhaltiger!

Die Suchtgefahr mag größer sein,
Aber ein Schaden wurde nie festgestellt.

Komisch eigentlich,
Dass er nicht in jeder Kneipe
Ausgeschenkt wird.

Paradies

Der Efeu erstickt den Baum,
Sagen die Baumfreunde.

Der Baum ist für das
Efeu wie gemacht,
Sagen die,
Die aus Efeu
Waschmittel machen.

Selbst das Auge
Braucht manchmal
(symbolinvasiv)
Die passende Faust.

Und manche Faust
Einen Goethe,
Der sie (maximalintensiv)
Zivilisiert.

Ohne blaue Flecken
Auf unserem
Selbstwertgefühl
Wären wir kaum
Zum Mond geflogen -
Nur um festzustellen,
Dass er hohl ist.

Ohne Fehler
Fehlt uns die Gelegenheit
„Sorry" zu sagen
Geschweige denn
Ernsthaft zu erwägen
Uns selbst zu lieben,
Im anderen.

Gegen dieses Kunststück
Ist jede Mondlandung
Ein Klacks.

Aber gehen wir es langsam an,
Pflanzen wir erstmal
Einige Ableger Mitgefühl
Zwischen den Bäumen
Und säen wir
Die winzigen Samen
Der Vergebung dort
Neben das Efeu.

Alles zusammen
könnte zu einem herrlichen
Biotop heranwachsen,
Das fast aussieht wie

Ein Paradies.

Mittelalter

Hach, Mittelalter!

Ehrwürdiges Handwerk
Von A bis Z!
Gerne würde ich damals
Das Goldene vom Himmel
herunter geschmiedet haben,
Während die Kinder
Ohne Fernsehen
In die Ferne sahen
Und die Alten
Altmodisch die Köpfe wiegend
Gottes Geniestreiche sorgenfaltig
An ihren Fingern abzählten
Um nicht einen zu vergessen.

Damals war die Zukunft
Noch so blauäugig
wie der streifenfreie Himmel.
Man kam mit weniger Katastrophen
Pro Gedichtstrophe aus.
Am Firmament
waren mehr Sterne als *Starlinks*
Und man wurde nicht
Aus dem Sozialleben gelöscht
Wenn man anderer Meinung war.

Nur eines hat sich nicht geändert:
Wer die Regierung kritisiert
Riskiert seine Existenz

Freiheit ist immer nur
Die Freiheit der
~~Andersdenkenden~~
Mächtigen.

Mindestlohn

Ich habe mein Ego gezähmt,
Wie eine Wildkatze.
Nur selten noch
Fährt es die Krallen aus
Oder faucht.

Gurus raten ja oft zur
Ausrottung
Dieser Spezies.
Aber warum eine
Schnurrende Katze töten?

Immerhin gilt der Artenschutz
In diesem Schöpfungsexperiment
Sogar für Extremisten.

Selbst Krokodile aus Vortstandsetagen
Bekommen (jenseits des Jordans)
die Chance,
Sich von prekären Engeln
(unterhalb des Mindestlohns)
beraten zu lassen,
Wie sie *doch noch*
Den Aufstieg schaffen
In eines der
Provisorischen Paradiese,
das auch mit einem *Ego*
betreten werden kann -
nur nicht mit *Egoismus.*

Wer weiß,
Im nächsten Schöpfungszyklus

Verzichtet *der Universelle*
Vielleicht auf Raubtiere
Und Parasiten

Und Engel bekommen
den Höchstlohn!

Das würde uns gefallen,
nicht wahr?

Nummer 4

Die Hopis sagen
„*Ein blauer Stern*
Wird erscheinen"
Wenn das Ende naht.

Sie müssen es wissen,
Ihr Gedächtnis reicht
30 Tausend Jahre zurück,
Oder mehr.

Damals, so sagen sie,
haben *Ameisenmeschen*
Sie vor Weltuntergang Nr. 3
Bewahrt.

Nr.4 kommt bald,
Diskutiert man unter Indigenen
(und Verschwörungstheroretikern)
Und beobachtet einstweilen
Blau blinkende Sterne und Ufos.

Schatz, sag mal,
Haben wir noch irgendwo
Die Handynummer
Der Ameisenmeschen?

Patentrecht

Man reiche mir
Das Wasser!

Blinzelte Gott
In Richtung seiner
Erlesensten Engel
Und gewaltigsten
Dämonen.

Doch niemand
Konnte das.
ER hatte es ja

Patentiert.

Wird schon

Jahwe
War ein ganz schöner
Trickster!

Man darf nicht jedem,
Der aus einem brennenden
Busch sprechen kann,
Alles glauben.

Luther machte einen
Guten Anfang -
Wir können die Bibel aber
Noch *moderner* übersetzen.

Wenn das Ganze
„Du sollst und
Du sollst nicht",
Die Drohungen, Strafen
Und das Manipulieren,
Als *schwarze Pädagogik*
Erkannt und
Reformiert werden zu:

Hey, ist schon gut,
Habt Spaß!
Aber schadet nicht,
Denn alles und alle,
Denen du begegnest,
Sind nur
eine andere Ausgabe
Deiner selbst.

Dann wird das schon.

Wirksamste Ingredienz

Hoffnungsschimmer schmücken
Mich heute wieder ganz fabelhaft!
Alles glitzert und glänzt!

Vorfreude blinkt an meinen
Ohrläppchen und ein Collier
Aus Selbstvertrauen schmiegt sich
Elegant um meinen Nacken.

Bestimmt kommt morgen
Ein Anruf und jemand
Bestellt etwas von meiner
Selbstgemachten Medizin,
Die ich behelfsweise
So lange in Flaschen verkaufe,
Bis die Menschen erkennen,
Dass *Gedichte* noch besser wirken,
Weil auf der Zutatenliste
Dieser Elixiere aus geformter Luft
Als wirksamste Ingredienz
Gott gelistet ist.

Wer zahlt für meinen
Wort-Schatz
Mit barer Münze?

Oder Spendet uns
Eine überzählige Zucchini?
Nach einer Gemüsemahlzeit
Glitzert es sich bekanntlich
Gleich nochmal so schön!

Ja gesagt

Echt jetzt?
Runzelte ich die Stirn,
Als jemand den
Teilkomplex Gottes,
(innerhalb dessen meine Seele
gerade schwebend ihre Existenz genoss),
Mit dem bleistiftspitzen Ende
Seiner Aufmerksamkeit durchstach,
Um auf die Erde zu tippen.

Da hin?

Ans äußerste Ende eines unbedeutend
dünnen Spiralarms der Milchstraße?

Das Viertel hat nicht den besten Ruf!
Du weißt schon, sie hantieren da immer noch
Mit Geld herum und verschwenden ihre
Schönen Körper an den Krieg.
Ist da nicht Hopfen und Malz verloren?

Missbilligend schüttelte ich
Bei diesem Vorschlag mein Gefieder.

Warum ich nun *doch* hier bin?

Ganz genau kann ich es nicht wissen -
Die übliche Löschung des Gedächtnisses
Beim Eintritt in den Geburtskanal
Ist nahezu perfekt.

Vielleicht lockte man mich
Mit dem reizvollen Angebot,
Gedichte schreiben zu dürfen.

Das geht nur auf solchen Planeten,
Wo Telepathie so gut wie unbekannt ist
Und man sich (lustig altmodisch)
Einer Sprache bedient, bei der
Ein Buchstabe hinter dem anderen,
Wie Perlen zu Sätzen aufgefädelt wird,
Wobei man diese mit dem
Universalklebstoff namens *Zeit*
Zu originellen Gebilden verbäckt.

Ähnlich wie bei dem Trick mit der
Moebiussschleife,
Wird dabei *Innen* zu *Außen*
Und umgekehrt -
Woraufhin das *Jetzt* beginnt,
Lustig zu kreiseln,
Um sich zu filigranen
Mandalas auszudehnen.

Ich muss „ja" gesagt haben.

Unserem allseitsgeliebten Hafis
Winke ich von unten freundlich zu:

Grüß dich!
Freund meines Freundes!
Auch du hast einen hohen Preis bezahlt!
Was macht es da schon, vorübergehend
Arm und sterblich zu sein!

Der Tag wird kommen

In unserer randomisierten
Doppelblindstudie
Fanden wir heraus,
Dass *Junk-DNA* nicht existiert,
Sondern es sich um unterdrückte
Genie-DNA handelt!

Doch selbst eine
Ausgekochte Bande
Aus mafiösen Kurpfuschern
Und miesantropen Dämonen
Kann unsere Königswürde
Nicht dauerhaft
Erdrosseln.

Ihre Zeitschleife hält
Höchstens (!)
Bis zum jüngsten Tag.

Er wird kommen!
(Alle sagen das).

Firlefanzen wir also
Noch ein bisschen herum
Auf diesem höllisch
Schönen Planeten
(in dieser schönen
plantarischen Hölle)

Immer in der Mitte
Zwischen Kompositionen
(Mozart, Dvorrak, Botticelli)
Und Kompost
(Bananen, Kohlblätter, Barthaare).

Ehren wir täglich
Und von ganzem Herzen
die Vogelmiere in der Mauerritze
Und die Spatzen
In unseren Händen.

Denn selbst mit dem Zehntel dessen
Was wir sein *könnten* -
Und unserer kläglichen Rest-DNA -
Haben wir Grandioses erschaffen,
Haben wir Graziöses ertanzt
Und uns immer wieder selbst
Feinjustiert, um Grobheiten
(immer öfter) zu vermeiden.
Ist es nicht so?

Wenn sich in den
Staubecken des Universums
Zu viele Schmarotzer
Niedergelassen haben,
Wird Gott schon mal wieder
Feucht durchwischen,
Oder mit seinem Atem
Akribisch, effektiv
Und fundiert
Das Werk
Resistenter Vollpfosten
Renitent hinwegfegen.

Der Tag wird kommen!
(Alle sagen das!)

Worauf noch warten?

Was sind wir privilegiert!
Der tägliche Weg über unser Drahtseil
Führt direkt durch unser Lieblingscafé!
Der sagenhafte Tee dort ist stark genug,
Mich die ganze Nacht wach zu halten.

Manchmal sind wir so übermütig
Uns von unserem gigantischen Vermögen
Ein Stück Kuchen zu teilen!

Denn, worauf warten?

Seit Monaten wetteifern
Lüsterne Psychopathen darum,
Wer es zuerst schafft,
Den Weltenbrand zu entfachen.

Also, worauf warten?

Jederzeit kann eine der schlimmen
Prophezeiungen wahr werden,
Von denen die kollektive Psyche wimmelt.

Es fühlt sich an wie das Finale
Einer Weltmeisterschaft -
Alles rutscht unruhig auf den Sitzen herum,
Während im Stadium die *helle*
Und die *dunkle* Mannschaft ihr Bestes geben,
Die Ehre der Menschheit wahlweise
Zu retten oder zu vernichten.

Auf den Logenplätzen oberhalb der Stratosphäre
Haben sich Besucher von nah und fern
Eingefunden und fiebern mit uns
Im fesselndsten Endspiel seit 175.000 Jahren.

Alle geben alles,
Uns großartig zu unterhalten.

Um die Nerven zu beruhigen
Gibt es gratis *Hopium* für alle.
Die einen hoffen auf den großen Knall,
Die anderen, dass die, die einen Knall haben,
Endlich die rote Karte kassieren.

Weise wissen leise:
Am Ende der Spielsaison
Bündeln sich alle denkbaren Zeitlinien,
(wie Stränge von Gleisen)
In Gottes Hauptbahnhof.

Aus allzu menschlicher Perspektive
Hätten wir trotzdem lieber verzichtet
Auf die narzisstischen Foul-Spieler,
Auf korrumpierte Schiedsrichter,
Auf das ganze Geschrei und all die Verletzen.

Eins ist sicher, Tränen der Erleichterung
werden eines Tages vergossen werden.
Ob hier im Café, oder nachher im Jenseits,
Wer weiß?

Gebt uns noch etwas Hopium!
Kuchen und Hopium für alle!

Worauf noch warten?

Haarig

Früher habe ich Gott
In die Suppe gespuckt.

Weil

Ich böse mit ihm war,

Weil

Er all das Böse zuließ!

Zu viele Haare in der Suppe!
Maulte ich.

Heute sind wir Freunde
Gott, das Haarige und ich,

Weil

Wir verstanden haben,
Dass wahre Liebe heißt,
Alles zuzulassen

Weil

Es sonst weder Freiheit
Noch Kreativität gäbe,

Weil

Diese nur sein können
Wo jeder sich frei entscheiden kann
Für den *hellen* oder den *dunklen* Pfad.

Letztlich hatten wir doch alle
Schon mal Suppe im Haar.

Also
Löffeln wir die helldunkle Suppe
Gemeinsam aus,
Während wir den Gedanken ziemlich
Haarig finden,

Wie ein Universum

Ohne

Freien Willen

Wäre.

Licht

Im Rotlichtmilieu
Unserer Wohnzimmerkerze
Denke ich, wie gut,
Dass wir drei
(du, ich und das Licht)
Nicht mehr über Lappalien parlieren müssen!

Das Bauen von Luftschlössern
Überlassen wir zunehmend Luftikussen.
Stattdessen malen wir uns mit unserem
Einfaltspinsel unsere Kalamitäten bunt.

Schließlich gehen selbst Kakophonien
Heutzutage als moderne Kunst durch -
Aber auch *die Moderne* ist nicht nonreversibel.
Doch mit Kuschelsocken lässt sich nicht nur
Schmuddelwetter besser ertragen,
Sondern auch die Gegenwart.

Einstweilen ist das Klirren der
Damoklesschwerter
Musik in den Ohren derer,
Die Aktien bei *Blackrock* haben,
(nebst ihrer heimlichen unterirdischen
Bunkerstadt).
Der Sorte von Leuten also, die einen
Schwarzen Fels dort haben,
Wo Gott ein Herz vorgesehen hatte.

Hingegen in den Augen der
Hochsensiblen
Kann man dieser Tage
Die nackte Angst sehen -
Kriegen wir Krieg?

Wie als wäre da nichts,
Trägt uns die elfengleiche
Japanische Bedienung
Ein Teelicht an den Cafétisch.

Zwei Sorten Menschen
Sind eben trotzdem gelassen:
Die Unwissenden
Und die, die wissen,
Dass sie nichts wissen,
Aber trotzdem vertrauen.

„Wird schon schief gehen"
Sagt man
Und hofft das Gegenteil.

Live long and prosper,
Grüßen wir einander still,
aber unser allerletzter Wunsch
Ist *Gnade vor dem Schmerz.*

Möge die Transformation
Sanft sein.

Irgendeine Kerze
Wird irgendwann
Die letzte gewesen sein.

Wir trösten uns damit,
Dass nichts verloren geht
Innerhalb Gottes -
Ganz besonders nicht
Das Licht.

Wenn man kein Gebet kennt,
Kann der Energie-
Erhaltungssatz
Ein Ersatzmantra sein,
Das man im Herzen
Hin und her bewegt:

$$E = m \cdot g \cdot h + 1/2 \cdot m \cdot V2$$

Alles ist besser,
Als zappenduster!

Manchmal hilft auch schon
Ein Funken Liebeslicht,
Den wir von Auge zu Auge
Senden.

Das geht sogar Strom.

Liebe und Licht
Gehen niemals verloren:

Energieerhaltungssatz!

100 x 100 x 100 Möglichkeiten

Alle meine Bestellungen
Beim Universum
Werden angenommen...

Schau, was ich alles auf der Straße fand:
- neue Schuhe
(in der passenden Breite für meine Entenfüße)
- schöne Blusen für den zu kurzen Sommer
(ich konnte sie gar nicht alle anziehen)
- Töpfe für die Küche (gehen auch ohne Deckel)
Und vieles mehr!

Die kostenlosen Bestellungen klappen
Wie am Schnürchen!

Nun denke ich besorgt :
Gott muss in ähnlichen
Finanziellen Schwierigkeiten
Stecken, wie wir,
Denn alle Geschenke
Sind *umsonst*
Und es fehlt uns weiterhin
An Geld!

„Gott kennt
10p x 100 x 100
Möglichkeiten
Uns einen Auftrag
Zu beschaffen"

Sowas sagte (sinngemäß)
Ein kompetenter
Pharao meines Vertrauens.

Das wird sich in den
Letzten paar Tausend Jahren
Doch nicht etwa geändert haben,
Oder?

Vielleicht ist es an der Zeit
Die Sorgenfalten in unserem Geist
Mit dem Dampfbügeleisen
Unserer heißesten
Guten Erfahrungen
Zu glätten

Und dann
Neugierig abzuwarten,
Mit welchen Wendungen
Das Universum

Uns Morgen
Einen Kaffee
Spendiert!
(oder einen lukrativen
Auftrag ins Emailfach spült).

Nach innen

Besser arm dran
Als Arm ab!

Kein Witz ist zu billig
Für ein bisschen
Kosmisches Gelächter.

Falls man unterwegs
Seinen Verstand verliert,
Kann man immer noch
Ein *Heiliger Narr* werden…

Schlimmer ist es,
Sein Herz zu verlieren!

Ausgeburten der Hölle haben
Wir schon genug:
Solche mit dicken Autos
Mit dünne Frauen drin.
Sie fliegen gern zu den
Schönsten Plätzen,
Um sich
Abwechslungsreicher
Zu langweilen,
Während sie überlegen,
Wie man mit
Weniger Aufwand
Mehr Schaden anrichten kann.

Zu beneiden sind sie nicht,
Denn wer abermals
(womöglich zum Dritten Mal)
175.000 Jahre braucht,

Um eine simple Lektion
Zu lernen, ist nicht zu beneiden.

Eines Tages werden auch sie
Nach dem Notausgang fragen.

Die Tür ist offen!
Nur die Richtung
Muss man herausfinden.

Die, die immer drücken,
(unterdrückten, wegdrücken
abdrücken, zerdrücken)
Haben es schwer.

Dabei ist doch seit
Jahrtausenden bekannt :
„Die Tür geht nach innen auf!"

Fitnessstudio

Wenn du wieder gesund bist
Pumpe ich dich voll
Mit den guten Drogen:

Grünem Tee
(ohne künstliche Aromen),
Schokolade (fast ohne Zucker)
Und Liebe (auch ohne Sex)

Wir machen was dir Spaß macht
(Kuchen essen)
Und was mir Spaß macht
(Blumen pflanzen).

Sobald wir unsere Zuversicht
Im irdischen Fitnessstudio
Derart gestählt haben,
Dass selbst böse Geister
Daran abprallen
Wie an einer Wand.

Niemand kann sagen
Wir hätten nicht täglich geübt!

Zwischen jedem Zusammenbruch
(Und den Phasen der Erschöpfung)
Rappeln wir uns wieder auf,
Knochen für Knochen!
Und beginnen die Lektion von vorne.

Aufstehen
Krone richten.
Kompass auf
Gott einnorden.

Wenn nicht
In diesem,
Dann in einem anderen
Paralleluniversum,

Werden wir
Auf jeden Fall
For ever
Gesund
Und *verdammt*
Glücklich sein.

Farbbeutel

Man ist so blond
Wie man sich fühlt!
Sagte mal eine
Schwarzhaarige zu mir.

Klar!
wir lassen uns doch nicht
Von den *Genen* vorschreiben
Wie wir uns zu fühlen haben!
Rosa
Grün
Türkisblau.

Nur das *Grauen*
Überlassen wir den Spießern,
Die ihre Häuser damit streichen,
Selbst ihre Wände, Seelen und Sofas!

Man möchte (voller Mitgefühl)
Stets einen Farbbeutel in der Tasche haben
Den man ihnen höflich überreicht:

Wirf doch mal!
Es könnte deinen Schmerz heilen!
Es könnte
Unter Beton gefangenen Blumen
Zum Durchbruch verhelfen!

Asphalt würde Wald.

Schließlich kann jeder so bunt sein,
Wie er sich fühlt,
Nicht wahr?
Fühl doch mal!

Schaffen wir es noch

Wir sind vom
Aussterben bedroht,
Du und ich,

Noch nie wurden wir
Von Dachziegeln erschlagen,
Bisher,
Noch nie vom Zug überfahren
Bisher
Noch nie von *friendly fire*
In unsere Bestandteile zerlegt.

Trotzdem werden
Unsere Knochen schon mürbe,
Und irgendetwas nagt an unserer Geduld.

Jedesmal wenn im Smalltalk
Auf dem Bordstein
Das Gespräch auf persönliche
Lieblingstodesarten kommt,
(meist kurz nach dem Wetter),
Pflege ich für die *Guillotine*
Zu votieren, weil die
Ruckzuck
Den Körperteil entfernt,
Den man am seltensten braucht
Obwohl man ihn am häufigsten benutzt.

Irritierten Blicken entgegne ich,
Dass das immer noch humaner sei,
Als von Big Pharma
Grausam langsam
zu Grunde gerichtet zu werden,

Oder als Organspender
Das Herz aus dem Körper
Gerissen zu bekommen -
Als wären wir bei den
Azteken - deren Gott nur
Anders hieß als
Schnöder Mammon.

Wir haben
Verdammt lang
Durchgehalten,
Du und ich.
Haare und Zähne
Wurden schon ausgedünnt,
Manche Schraube ist schon
Locker.

Trotzdem,
Was meinst du,
Schaffen wir es noch
Bis zum großen

Erwachen?

Herzlungenmaschine

Puh!
Ich brauche jetzt mal
Ein Lob.
Ein wenig Taschengeld
Für die Seele.
Denn wenn auch das Kleingeld
Verplempert ist,
Wird es kritisch.

Noch eine Kritik mehr
Könnte zur zum Versagen
Lebensnotwendiger
Organe führen.

Derart
Beklage ich mich,
Bis ich mich
- notgedrungen -
Wieder an Gottes
Herzlungenmaschine
Anschließe.

Uppsala!
Wie hatte ich nur
Vergessen können
WER
Mich atmet!
In jedem Herzschlag
Schwingt ein
Symphonischer Lobgesang.

Das mit dem Kleingeld
war eine wirklich
Kleinlich Idee!
Voll peinlich!

Antidepressivum

Komm,
Lass dich betten
Auf den Polstern meiner
Guten Wünsche.

Gerne hülle ich dich
In warme Decken aus Licht.

Du kannst dein Handy
In den Flugmodus setzten,
Die Augen schließen
Und selber fliegen:

Mit dem Spatzenschwarm
Hinter unserer Hütte,
Oder dem Eisenvogel
Am Himmel droben.

Wenn wir mit dem Üben
Sicher sind
Steigen wir (grinsend)
Aus aus 3D
Und zwitschern fortan
Aus Sternen- und Augenhöhe
(Mit gleißenden Sonnen)
Unseren freien Freunden
Die Neuesten
Liebesliedkreationen
Entgegen.

Ha!
Wir werden damit
Furore machen,
In den intergalaktischen
Charts!

Und dein erlöstes Lachen wird
Als Antidepressivum
Von Engeln auf Rezept
Verschrieben.

Siehst du?
Am Ende wird alles gut!
(sonst ist es noch nicht
das Ende).

Zurück lächeln

Was für ein Tag!

Der Fluss fließt ausufernd
Bis an seinen grünen Rand.
Und die frischen Brennnesseln
Die ich dort zärtlich pflücke,
Reichen für ein Abendessen
Zu zweit.

Ich schätze deinen langen Bart,
Schatz,
Aus dem ich
Nach dem Essen
- goldgräbergleich-
Die Krümel klaube,
Wie organische Nuggets.

Ob sie mir der Herr vom
„An- und Verkaufsladen"
Gegen einen Schein eintauscht,
Wenn ich ihm erkläre,
Dass der Schein trügt
Und diese Krümel Gold aufwiegen,
Weil ihre edle Herkunft
Eine wahre Goldgrube ist,
Im Glanz ganz unvergleichlich?

Ach was.
Diese Welt ist arm an Humor.
Obwohl der Urknall
Nachweislich nichts anderes war,
Als ein Lachen, ein lautes.

Eine Sprache, die Wissenschaftler
Selten verstehen.
So selten wie die,
Der Zuneigung schräger Vögel
Zu Krümelträgern und Brennnesseln.

Sie könnten (versuchsweise)
Vorsichtig zurück lächeln -

Gott wird das verstehen.

Gottes Hobby

Meine Regenbogenfantasien
Haben nichts mit Sex zu tun.

Vielmehr mit der
Unbeschreiblichen Ekstase
Die Lichtfarben verursachen,
Wenn man sie mit dem
Glaskörper der Seele
Wahrnimmt.

Wahrlich berauschend,
Wie man zwischen blaugrün
Und grünblau immer noch
Tausend feine Nuancen
Herausschmecken kann.

Ohlala!
Gott hat einen
Ausgefuchst verfeinerten
Geschmack!
Kein Wunder,
Dass er nicht müde wird,
Minütlich Milliarden
Neue Bewunderer
Ins Rennen
Seiner Schöpfung
zu schicken.

Schönheit
Ist sichtbar gewordene Freude.

Ich schätze, wir haben soeben

Gottes Hobby
Entdeckt.

Durchgebrannt

Eine Kleinanzeige
Kostet nicht viel
(nur Überwindung) :

Gesucht!
Meine gute Laune!
Sie ist
Zusammen mit meinem
Gottvertrauen
Durchgebrannt.

Nun möchte ich sie zurück
Und biete dem
Liebespaar den besten Platz
Im Haus :
Direkt am Kaminofen
Meines Herzensfeuers.

Darin verbrenne ich die
Hindernisse
Und Streitgegenstände
Wie
Zweifel
Schuldgefühle
Selbstentwertung.

Das Feuer brennt ordentlich,
Da hat sich wohl einiges
Angesammelt
Über die Äonen
Meiner Ahnenlinie.

Himmelsleiter

Früher hieß es
Majestätsbeleidigung.
Jetzt sagt man
Delegitimierung des Staates,
Damit es irgendwie
demokratiekompatibler klingt,
Menschen wegen *Kritik*
Ins Gefängnis zu werfen.

Interessant,
Wie das Possenspiel,
Seit Jahrmillionen
Runde um Runde dreht
Und dieselbe verrückte Idee
Von *Macht* und *Herrschaft*
Immer wieder recycelt wird.

Hafis hat mir verraten,
Wo man (notfalls)
Eine Himmelsleiter findet:

Man erkennt sie aber nur,
Wenn man *nach Innen* schaut.
Ihre unterste Sprosse
Fußt da, wo hinter der Pumpe
Deine geheime Herzkammer
Verborgen liegt.

Sie lässt sich mit dem
Atemschlüssel öffnen,
Den uns der Schöpfer
Heimlich zugesteckt hatte
(der mit uns kollaboriert),

Damals,
Bevor er die Abenteuerlustigsten
Von uns ziehen ließ,
Wohin auch immer wir wollten,
Sogar bis hinunter zur Erde.

Obwohl so Viele vor ihr warnen,
Wie vor kaum einem anderen Planeten,
Konnte man uns nicht davon
Abhalten
Zu versuchen
Auch dort
Licht ins Dunkle zu bringen.

Nun,
Im Gefängnis,
Erinnern wir uns hoffentlich
Wo der Schlüssel liegt!

Selbermachen

Auf meinen Streifzügen
Durch die spirituelle Wüste
Wilderte ich in den Revieren
Großer und kleiner Religionen.

Sogar der Kirche
Meiner Kindheit
Gab ich (nach anfänglichem Desaster)
nochmal eine Chance.
Aber ihr Weihwasser und Ritus
Konnte meinen Durst
Nach der Quelle
Nicht löschen

Meine Seele ist wohl
Eine Spezialanfertigung.
Ihre Konfektionsgröße
passt zu keiner Religion
Von der Stange.

Es scheint, das ging
Auch anderen vor mir
Schon so -
Die Meisten von ihnen
Wurden leider verbrannt.

Man muss halt alles
Selbermachen:

Zäune einreißen,
Missverständnisse ausräumen,
Erkenntnisse multilingual übersetzen,
Liebe im Recyclingkreislauf halten,

Dogmata kompostieren,
Hierarchien abtragen.

Doch schon *Ideen* in diese Richtung
Können einem öfter mal
Den Kopf kosten.

Aus Liebe wächst er
Immer wieder nach.

Eines Tages werden
kosmische Nesthäkchen
(irgendwo zwischen
naseweis, nobel und naiv)
Scheibchenweise
Das Brimborium unterwandern
Und gemächlich, aber grundlegend
Diese Petitessen renovieren.

Irgendwann werden wir
Den *Einen*
In *Allem*
Erkennen.

Extrem

Meine extreme Rechte
Und meine extreme Linke
Stricken zusammen an einer Mütze,
Während meine
Anderen Extremitäten
Besorgt mit den Füßen scharren.

Wird das alles gut gehen?

All diese krassen Spaltungen
Zwischen
Oben / unten
Positiv / negativ
Reich / arm
Hell / dunkel!

Gott behüte,
dass wir all die Gegensätze
Doch noch unter einen Hut bekommen!

Dass wir
Plusminus
Am Ende wenigstens
Ein Gleichgewicht finden,
Das mit weniger Mord
Und Totschlag auskommt.

Die Gewalt steht uns einfach nicht!

Meine Mütze
(one size fits all)
Wurde mit linken und rechten
Maschen gestrickt.

Mit dieser Mütze
Könnte es selbst
Kaltblütigsten Extremisten
Warm ums Herz werden!

Könnte!
Vielleicht, wenn sie irgendwann
Die Nase voll davon haben,
Sich mit jeder abweichenden
Nuance ihrer selbst zu prügeln.

Besonders auf so winzigen
Planten wie diesem
Wäre Frieden eine durchaus
Pragmatische Idee!

Ob man Extremisten eventuell für
Extremen Frieden
Begeistern könnte?

Diese Reform würde kaum
Steuergelder kosten,
Denn man müsste nur die
(bereits keimhaft vorhandene)
Fähigkeit zur Toleranz
Medial und pädagogisch
Regelmäßig düngen,
Damit sie sich zu
Mitgefühl auswächst.

Für diese *extrem* gute Friedensinitiative
Lasse ich glatt mein Strickzeug fallen
Und klatsche mit *rechts* und *links*
Frenetischen Applaus!

*Einzigartiges Verschenk-Exemplar dieses
Gedichtbandes bestellen?*

Von der Autorin handsignierte und mit
einem in Handarbeit hergestellten zusätz-
lichen Einband versehene Ausgaben hier
ansehen und bestellen:

https://q-nst.de/peter-shop/